학생용

LAMP WORKBOOK

PART 3 CE Concentration Enhancement Program

집중력
향상 프로그램

KB011053

박동혁 저

학지사

만일 우리가 사막 한가운데 홀로 남게 되었다고 생각해 봅시다. 당장의 생존을 위해, 물, 음식, 잠자리를 찾아 헤매게 될 것입니다. 하지만 사막에 대한 지식이 전혀 없다면 생존을 위한 모든 시도는 오히려 생명에 위협이 될 수 있습니다. 그런데 이때 그 지역을 아주 잘 알고 있는 사람이 나타나 자신의 지식을 전달해 준다면 어떨까요? 아마도 살아남는 것은 물론이거니와 안전한 길을 찾아 사막을 빠져나올 수 있을 것입니다.

사람이 가진 배움의 능력은 어려움에 처했을 때 그 문제를 해결할 수 있는 힘이 됩니다. 더 나아가 자신의 잠재력을 개발하고 자기실현을 할 수 있는 유일무이한 수단이기도 합니다. 그렇기에 성장을 위한 배움은 즐겁고 기쁜 경험이며, 그럴 때 비로소 배움의 의미를 느낄 수 있습니다.

공부와 학습이 갖는 이런 중요한 의미를 알기 때문에 오랫동안 교육/심리학자들은 공부를 잘하는 사람의 특징을 찾기 위해 애써 왔습니다.

그간의 연구결과를 요약하자면, 꾸준히 좋은 학업성취를 하는 사람은 두 가지 특징을 가지고 있습니다. 그것은 바로 **즐겁게, 전략적으로 공부한다는 것**입니다. 이런 특징들을 우리는 '자기주도학습'이라고 부릅니다.

즐거운 공부는 자발적인 목표설정과 동기에 의해 좌우되며, 전략적 공부는 습관에 따라 결정됩니다. 학년이 올라갈수록 이런 특징들의 중요성은 지능을 압도할 만큼 커집니다.

동기와 공부습관은 지능과 달리 선천적인 것이 아니며, **일정 기간의 훈련이나 연습에 의해 상당한 변화가 가능**합니다.

이러한 과정은 마치 근육을 키우기 위해 운동을 하는 것에 비유할 수 있습니다. 처음에는 힘들고 어색하지만, 효과적인 방법이 무엇인지 이해한 후, 그것을 습관이 될 때까지 꾸준히 적용하면 자신의 삶에 분명한 결과를 가져다줍니다.

본 프로그램은 여러분들의 목표의식과 공부습관을 향상시키기 위한 목적으로 만들어졌으며, 1권-동기 및 목표 향상 프로그램(ME 과정), 2권-시간관리 능력 향상 프로그램(TE 과정), 3권-집중력 향상 프로그램(CE 과정), 4권-정보처리 능력 향상 프로그램(IE 과정), 5권-시험준비 능력 향상 프로그램(EE 과정) 총 5가지 주제로 구성되어 있습니다.

이 프로그램을 접하는 청소년 여러분에게 이 기회를 통해 수동적이고 지겨운 공부에서 벗어나 주도적이고 즐거운 공부를 경험할 수 있는 계기가 되기를 간절한 마음으로 기대해 봅니다.

마음은 배움의 힘을, 배움은 마음의 힘을 키워 줍니다. 우리는 그 힘을 믿습니다.

심리학 박사 박동혁

CONTENTS

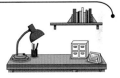

3

집중을 위한 비타민! 잠과 휴식
수면과 컨디션 조절하기

4

수업 내용 100% 활용하기
수업 중 집중향상 전략

집중력 스위치 켜기

집중력 향상 전략

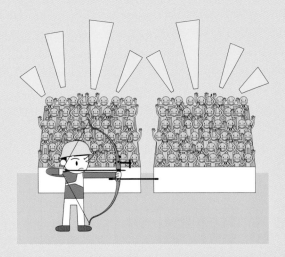

올림픽이나 아시안 게임에서 우리나라 선수들이 두각을 나타내는 종목들은 많지만, 양궁처럼 오래도록 1위의 자리를 지켜온 종목도 없을 것입니다.

양궁은 어느 스포츠보다도 집중력이 중요하기 때문에, 선수들은 평소 특별 집중훈련에 매진한다고 합니다. 가령 이런 식이지요. 관중이 꽉 들어찬 야구장에서, 경기가 열리기 직전 활 쏘는 연습을 합니다. 주변은 장내 아나운서의 의도적인 야유와 관중들의 소음으로 엄청 시끄러운 상황이지요. 아니면 경정장에서 훈련을 하기도 합니다. 보통 경정 경기는 강이나 바다에서 펼쳐지기 때문에 바람이 많이 불어 양궁 선수들이 연습을 하기에는 좋지 않은 환경이지요. 거기다가 경정장을 찾은 관객들의 시끄러운 고함소리, 야유를 들으며 활 쏘는 연습을 한다고 합니다. 하지만 이런 악조건 속에서 한 연습은 실제 경기에서 늘 빛을 발합니다.

―   우리나라 양궁 선수들의 다소 독특한 소음 적응 훈련이 의미하는 것은 무엇일까요? 그건 바로, 집중력 역시 꾸준한 연습과 훈련을 통해 향상시킬 수 있다는 것입니다! 이번 시간에는 집중력의 의미와 집중력을 향상시킬 수 있는 전제 조건 및 전략들에 대해 배워보겠습니다.

★ 이번 시간에 배울 내용

· 나의 집중력은 얼마나 될까?   · 공부를 방해하는 딴생각을 없애주는 방법이 있을까?

· 집중을 잘할 수 있는 조건에는 어떤 것들이 있을까?   · 집중력을 높여주는 전략들은 어떻게 사용할까?

나는 집중을 잘하는 사람? 못하는 사람?

● 아래의 문항들을 읽고, 나에게 해당되는 것에만 ∨표 하세요.

나는 집중을 잘하는 사람? 못하는 사람?	∨표
1. 공부할 때는 딴 생각을 하지 않는다.	
2. 공부할 때는 전적으로 공부에만 집중한다.	
3. 공부하는 동안 소음이 들리면 무시하려고 노력한다.	
4. 집중이 잘되지 않으면 집중을 잘하기 위해 나름대로 노력한다.	
5. 공부시간을 효과적으로 사용하고 있다.	
6. 공부하는 동안에 마음이 편안하다.	
7. 책상에 앉아서 졸지 않는다.	
8. 공부할 때는 음악이나 라디오를 듣지 않는다.	

총 개수 :

● ∨ 표시한 문항의 개수를 세어보세요. 여러분의 집중력은 어느 정도인가요?

(0~2개) ➔ 고쳐야 할 집중 습관이 더 많아요.

(3~4개) ➔ 조금 더 노력해야겠어요.

(5~6개) ➔ 좋은 습관이 많은 편이네요.

(7~8개) ➔ 아주 잘 하고 있어요!

집중에 대한 이해

● **집중이란 무엇일까?**

우리는 늘 집중력에 대해 이야기합니다. "집중력만 좋으면 공부를 더 잘할 텐데……." "요즘에는 도무지 공부에 집중이 되지 않아." 등등. 그렇다면 '집중'이라는 것은 무엇일까요?

1) 내가 생각하는 '집중'이란?

2) 집중할 때 한 번에 얼마나(몇 분 혹은 몇 시간) 집중하는 것이 적당할까요?
아래 선에 표시해 주세요. 그리고 그렇게 생각하는 이유도 함께 적어봅시다.

| 10분 | 30분 | 60분 | 90분 | 120분 | 150분 | 180분 |

그렇게 생각한 이유:

자, 집중에 대해서 충분히 생각해보았다면, 이제 집중의 정의에 대해 정리해보겠습니다.

집중이란, '☐☐☐ ☐에만 ☐☐ 시간 동안 ☐☐를 기울이는 것'
이라고 정의할 수 있습니다.

● **집중력에 대한 퀴즈**

이번에는 몇 가지 퀴즈를 통해 집중에 대해 자세히 알아보도록 하겠습니다.
알쏭달쏭 OX 퀴즈~!

Quiz 1. 사람들은 누구나 마음만 먹으면 2시간 정도는 집중할 수 있다.	O	X
설 명		

Quiz 2. 하루 중 낮 시간에 집중이 가장 잘된다.	O	X
설 명		

Quiz 3. 게임을 할 때 3~4시간씩 빠지는 것도 집중력이다.	O	X
설 명		

Quiz 4. 공부를 할 때 음악을 듣는 것은 집중에 도움이 된다.	O	X
설 명		

● 집중력 테스트

간단한 게임을 통해, 나의 집중력을 점검해봅시다.
집중력 테스트~! 아래에는 1부터 30까지의 숫자들이 있습니다. 1부터 시작해서 2,
3, 4, 순서대로 선을 긋습니다. 되도록 연필을 종이에서 떼지 않도록 합니다. 되도록
빨리합니다. 제한시간은 60초입니다.

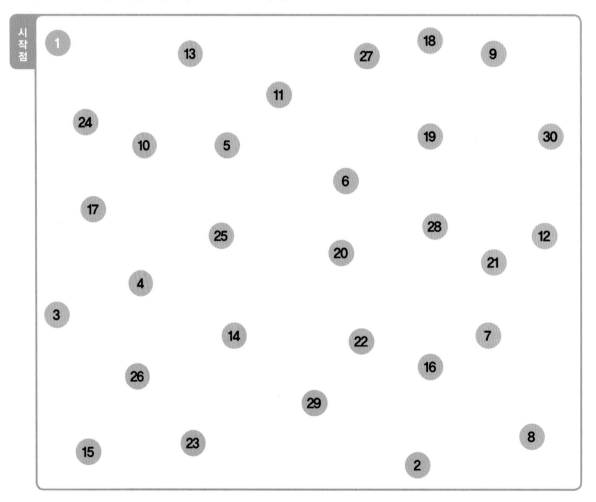

● 방금 한 과제에서 무엇을 알 수 있었나요?

①

②

집중이 잘될 때 vs 집중이 안될 때

● **집중이 잘될 때 vs 집중이 안될 때**

집중력이 항상 같은 것은 아닙니다. 공부하는 과목이나 시간 등에 따라 달라질 수 있습니다. 나에게 있어 집중력은 어떻게 달라질 수 있는지 한번 생각해봅시다.

집중이 잘될 때

과목, 시간대, 내 상태 등을 생각해서 써봅시다.

집중이 안될 때

과목, 시간대, 내 상태 등을 생각해서 써봅시다.

집중을 잘할 수 있는 조건 만들기

● **집중의 조건, 첫 번째: 뚜렷한 목표**

어떤 일에 몰두하고 집중을 하려면,
그 일에 관심이 있어야 하고, 관심을
가지려면 그 일이 나에게 중요하고
의미가 있는 일이어야 합니다. 공부도
마찬가지입니다. 공부하는 데 집중하기
위해서는 공부 역시 집중할 만큼
중요한 일이 되어야 합니다.

사람은 자신에게 ☐☐ 하고, ☐☐ 있는 일에만 집중할 수 있습니다.
그렇다면 공부에 집중할 수 있는 방법은? 그건 바로 ☐☐ 를 만드는 것입니다.

장기목표는 동기를 높여주지만, 단기목표는 당장의 행동을 불러일으켜 줍니다.
단기목표로서 공부가 끝나면 나에게 즐거움을 줄 수 있는 일(보상)을 생각해볼까요?

☐☐☐☐☐☐☐☐☐☐☐☐☐☐☐☐☐☐

● **이번에는 좀 더
장기적인 목표를
생각해볼까요?**

내가 어른이 되면
이루고 싶은 꿈과
목표는?

● **집중의 조건, 두 번째: 골든타임 활용**

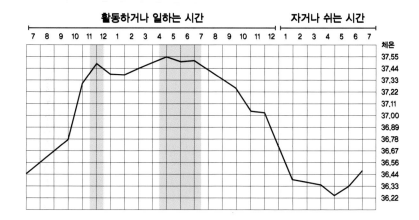

이렇게 신체 리듬에 따라 체온은 물론 집중의 정도가 달라집니다. 집중이 잘 안되는 때에 2시간 공부하는 것보다는, 집중이 잘되는 시간대에 1시간 하는 것이 훨씬 더 전략적이고 효과적인 공부방법입니다. 즉, 골든타임을 찾아 공부하는 것이 집중력 향상의 두 번째 방법입니다.

● **그렇다면 골든타임은 무엇일까요?**

하루 중 ☐☐ 하기에 가장 유리한 시간

● **골든타임을 결정하는 기준은, 다음 네 가지입니다.**

☐☐☐ 않은 시간   비교적 ☐☐☐ 시간

☐☐☐ 이 좋은 시간   ☐☐ 이 적은 시간

> 골든타임에는 나에게 가장 중요한 과목이나 어려운 내용의 공부를 하는 것이
> 좋습니다. 표를 보면서, 시간별로 해당하는 집중 정도에 ∨표 체크해봅시다.

	1 잠만 오고 집중이 전혀 안 된다	2 깨어 있긴 하지만 집중은 안 된다	3 공부는 되지만 딴짓도 하게 된다	4 공부를 하면 집중이 잘되는 편이다	5 집중이 아주 잘돼서 공부에 몰입할 수 있다
아침 (AM 6:00~8:00)					
오전 (AM 8:00~PM 12:00)					
점심 (PM 12:00~1:00)					
오후 (PM 1:00~5:00)					
저녁 (PM 5:00~9:00)					
밤 (PM 9:00~AM 12:00)					
새벽 (AM 12:00~6:00)					

> 위의 표에서 확인된 나의 골든타임은 언제인가요?

● **집중의 조건, 세 번째: 적절한 시간 길이**

집중을 유지하는 능력은 아동기와 청소년기 초기 동안에 점차 좋아지는데,
부분적으로 뇌의 발달에 따릅니다. 뇌에서 주의집중에 담당하는 부분은 사춘기가
되어서야 완전한 발달이 진행됩니다. 즉, 집중력은 나이에 따라 다를 수 있습니다.

그렇다면, 한 번에 제대로 집중할 수 있는 시간은 얼마나 될까요?
집중할 수 있는 시간만큼 칸을 칠해봅시다.

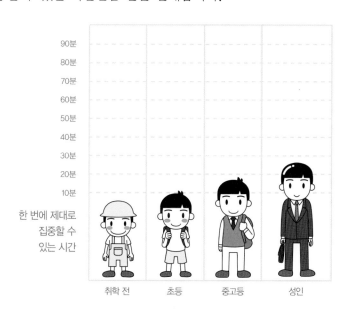

또한, 집중할 수 있는 시간단위 계획은, 과목의 난이도에 따라 좀 더 길어질 수도
있고 짧아질 수도 있습니다. 자신의 경우는 어떠한지 표시해봅시다.

어려운 과목 _____ 분 집중
쉬운 과목 _____ 분 집중
평균 _____ 분 집중

● 다른 집중의 조건들

교재 2, 3, 4회기에서 자세하게 다루게 될, 그 외 집중의 조건들을 간단하게
살펴볼까요?

공부환경

☐☐☐이 없는 환경

잠

하루 6~8시간 정도의

☐☐☐인 수면

컨디션

☐☐관리

집중을 높이기 위한 기술

● 잡념 줄이기 1 – 횟수 체크하기

횟수 체크하기란 공부를 하는 동안 옆에 하얀 종이를 두고 잡생각이 떠오를 때마다 빗금(/)을 긋는 행동을 가리킵니다. 이러한 행동은 심리학적 용어로 '자기감찰효과'라고 하며, 이는 잡생각이 떠오르는 빈도를 줄여줍니다.

● 잡념 줄이기 2 – 글로 쓰기

자꾸만 떠오르는 잡생각이 있을 때, 억지로 생각을 안 하려 애쓰기보다 반대로 그 생각을 더 많이, 더 이상 떠오르지 않을 때까지 하면 오히려 도움이 될 수도 있습니다. 마치 일기를 쓰듯이, 옆에 둔 종이에 어떤 일이 있었는지 그래서 어떤 생각이 들고 기분은 어떤지 등등에 대해 써 보세요.

● **5분 학습법**

이 방법은, 집중이 잘되지 않을
때 수학 1문제, 영어 단어 2~3개
정도를 공부하는 방법입니다.
적은 양의 공부만 함으로써
순간적으로 집중을 끌어올릴 수
있는 방법이며, 그렇게 하다 보면
공부에 몰입이 돼서 더 오랜 시간
집중할 수도 있습니다.
그렇다면, 5분간 할 수 있는
공부에는 어떤 것들이 있을까요?
친구들과 상의해서 아래에 적어
봅시다.

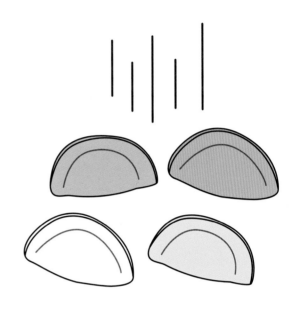

> 5분간 할 수 있는 공부는?

-
-
-
-
-

● 스톱워치 활용하기

여유가 있다고 생각하면 긴장이 풀리면서 일하는 속도가 늦어지는 것을 누구나 경험해보았을 것입니다. 하지만 시험처럼 마감시간이 얼마 남지 않았을 때는 적당한 수준의 긴장감이 생기면서 쉬이 책에 집중하는 자신을 발견하게 됩니다. 따라서 평소 공부할 때도, 이러한 긴장감을 놓치지 않기 위해 '시간'을 제한해 두면서 공부하는 것이 집중력 향상에 도움이 됩니다. 이때 '스톱워치'는 제한시간을 알려주는 유용한 도구로 쓰일 수 있습니다.

과목	분량	제한 시간	집중효과
			1-2-3-4-5
			1-2-3-4-5
			1-2-3-4-5

내가 집중이 안되는 가장 큰 이유 정리하고 해결책 찾아보기

> 내가 집중이 안되는 가장 큰 이유 3가지만 정리해봅시다. 늘 집중을 방해하는
> 이유도 있을 것이고, 상황에 따라 나타나는 이유도 있을 것입니다. 각각에 대해
> 정리한 뒤, 지금까지 배운 내용을 바탕으로 가능할 해결책에 대해서도 적어봅시다.

내가 집중이 안되는 이유 TOP3	해결책
❶	❶
❷	❷
❸	❸

집중이란? 집중을 잘할 수 있는 조건들은?

★ 집중이란 '☐☐☐ 일에 ☐☐ 한 시간 동안 ☐☐를 기울이는 것'으로 생물학적인 한계를 가지고 있습니다.

★ 대부분의 사람들이 한 번에 집중할 수 있는 시간은 대개 ☐☐ ~ ☐☐ 분 사이입니다.

★ 집중을 잘하기 위해서는 몇 가지 조건들이 충족되어야 합니다. 이 조건들이 충족되어 나타나는 현상이 바로 집중입니다.

★ 집중을 잘할 수 있는 조건은 뚜렷한 ☐☐ 세우기, ☐☐☐☐ 활용하기, 적절한 ☐☐ 길이, 공부환경, 잠, 컨디션 관리가 있습니다.

일주일간 집중 그래프 그려보기

일주일간 나의 집중 정도를 그래프로 그려보고, 그 이유에 대해서도 적어봅시다.

집중 정도는 최소 0에서 최대 100점까지입니다. 해당되는 점수에 점을 찍어 일주일간 집중 정도 그래프를 완성합니다. 그 아래에는 그렇게 집중하게 된 이유에 대해 적어봅니다.

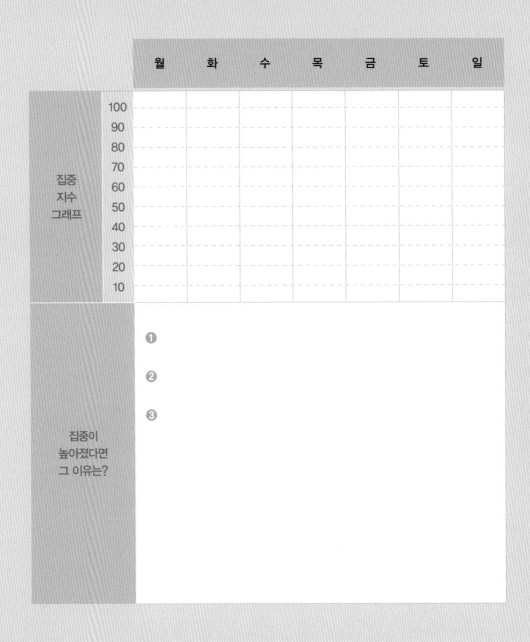

과 제 2

집중을 잘하기 위한 조건과 기술을 적용해보기

앞에서 배운 집중력을 높일 수 있는 조건과 기술들을 일주일 동안 실천해 보고, 느낀 점을 적어봅시다.

1. 집중을 잘하기 위한 조건	
(1) 뚜렷한 목표를 세웠나요?	내가 공부를 끝내고 바로 하고 싶은 일은?
	나는 미래에 이런 사람이 되고 싶다!
(2) 골든타임을 활용해서 공부해 보았나요?	일주일간의 골든타임은 총 몇 시간이었나요?
	내가 계획했던 골든타임에는 공부가 잘되었나요?
(3) 과목의 난이도에 따라 적절한 시간 길이로 계획해서 공부하였나요?	어려운 과목: ( )분 공부한 뒤, ( )분 쉬고, 다시 ( )분 공부
	쉬운 과목: ( )분 공부한 뒤, ( )분 쉬고, 다시 ( )분 공부
	적용 여부 (O, X)
	느낀 점:

2.집중을 높이기 위한 기술	
(1) 횟수 체크하기	적용 여부 (O, X)
	• 집중력을 높이는 데 효과가 있었나요? • 느낀 점 효과 있어요 – 그냥 그래요 – 전혀 효과 없어요
(2) 딴생각을 글로 표현하기	적용 여부 (O, X)
	• 집중력을 높이는 데 효과가 있었나요? • 느낀 점 효과 있어요 – 그냥 그래요 – 전혀 효과 없어요
(3) 5분 학습법	적용 여부 (O, X)
	• 집중력을 높이는 데 효과가 있었나요? • 느낀 점 효과 있어요 – 그냥 그래요 – 전혀 효과 없어요
(4) 스톱워치 활용법	적용 여부 (O, X)
	• 집중력을 높이는 데 효과가 있었나요? • 느낀 점 효과 있어요 – 그냥 그래요 – 전혀 효과 없어요

27

집중의 반은
환경에서 결정된다

집중력을 높여주는
공부환경 만들기

방의 색깔이 미치는 영향

방의 색깔과 체감시간 간의 관계를 실험한 연구가 있었습니다. 이 실험에서 실험 참가자들은 각각 빨간
색 계열의 방과 파란색 계열의 방에 들어간 후, 1시간이 지났다고 생각하면 방에서 나오도록 지시를 받
았습니다. 방에는 시계가 없었기 때문에 참가자들은 자신의 감에 의지할 수밖에 없었습니다.
실험 결과, 빨간색 계열의 방에 들어간 참가자들은 40~50분 전후로 방을 나온 데 반해, 파란색 계열
의 방에 들어간 참가자들은 1시간 10분~20분이 지나도 좀처럼 방을 나올 생각을 하지 않았습니다.
이처럼 빨간색 계열의 방은 사람을 예민하게 만들고, 시간이 더디게 가는 것 같은 느낌을 줍니다. 짧은
시간 내에 많은 사람들이 왔다 가야 이익을 낼 수 있는 패스트푸드점의 인테리어가 주로 붉은색 계통인
이유도 이런 점 때문이지요. 따라서 공부방이나 침실은 빨간색 계열보다 파란색 계열의 색채를 많이 사
용함으로써 안정적이고 편안한 느낌을 주는 것이 좋다고 합니다.

— 또한 빨간색 방과 푸른색 방에 들어갔을 때 체감온도가 3° 정도 차이가 난다는 실험결과도 있
습니다. 이렇듯, 색깔뿐만 아니라 주변환경이 우리에게 미치는 영향은 생각보다 크고 중요합니다.
이번 시간에는 우리 각자의 방은 어떤 환경인지 한번 점검해보고 집중이 잘되는 공부환경으로 만
들어가 보도록 하겠습니다.

★ 이번 시간에 배울 내용

• 나의 공부환경은 집중하기 좋은 환경일까?   • 집중하기 좋은 공부환경은 어떤 곳일까?

• 내가 공부하는 곳의 문제점은 무엇일까?   • 책상은 어떻게 정리하는 것이 좋을까?

내가 생각하는 적합한 공부환경은?

● **여러분이 생각하는 최적의 공부환경은 어떤 곳인가요?**

내가 이런 곳에서 공부한다면 정말 열심히 공부할 수 있을 것 같다!

-
-
-
-

● **조원들과 토론을 통해서 의견을 종합하여 적어봅시다.**

우리는 이런 곳이 최고의 공부환경이라고 생각해요.

-
-
-
-

공부환경이 중요한 이유

"어디서든 마음만 굳게 먹는다면 공부할 수 있다."라는 말 들어본 적 있나요? 하지만 준비되지 않은 공부환경은 진흙탕에서 슬리퍼를 신고 뛰는 운동선수와 같습니다. 따라서 이런 말은 강력한 '연합'의 효과를 고려하지 않은 것입니다. 다음 만화를 통해 연합이 무엇인지 알아봅시다.

만화를 보고, 어떤 생각이 드나요?

만화에서 말하는 연합이란 무엇일까요?

앞에서 본 것처럼 특정한 자극은 어떤 행동을 하게 합니다. 그렇다면 특히 공부를 할 때 어떤 자극이 딴짓을 하게 만드는지 생각해봅시다.

자극		반응
	>	카톡을 한다
	>	게임을 시작한다
	>	같이 떠든다
	>	TV를 켠다
	>	드러누워 잠든다
	>	
	>	

내 공부환경 평가하기

● **내 공부환경 확인하기**

내가 공부하는 환경(책상 또는 내 방)은 어떻게 생겼는지 자신의 공부환경의 문제점과 장점을 찾아볼 수 있도록 우측 빈칸에 가능한 자세히 그려봅시다.

예시 1

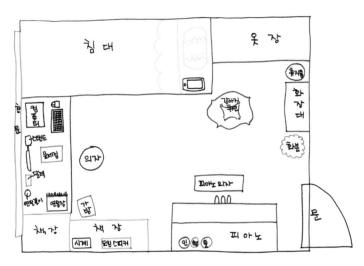

예시 2

그리는 방법

① 내 공부환경의 기본적인 구조를 그린다.
② 스티커 페이지에 있는 그림을 확인하여 붙이고, 없는 것은 직접 그린다.
③ 책상 주변에 있는 사소한 물건이라도 그린다.
④ 공부와 관련 없는 물건도 그린다.

내 공부환경 점검하기

● **내 공부환경 점검하기**

1) 앞에 그린 그림에서 공부에 도움이 되는 것은 파란색 동그라미, 공부에 방해가 되는 것은 빨간색 동그라미를 하세요.

2) 파란색 동그라미와 빨간색 동그라미는 각각 몇 개인가요?

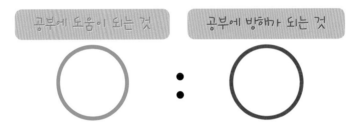

어떤 색의 동그라미가 더 많은가요?
파란색 동그라미가 더 많다면 공부하기 좋은 곳이고, 빨간색 동그라미가 더 많다면 공부하기엔 부적절한 곳이기 때문에 더 공부가 잘되는 장소를 찾아야 합니다.

3) 이제부터는 지금까지 알아본 공부하는 데 방해가 되는 것 BEST 3를 조원들과 함께 정해볼까요?

> 1.
> 2.
> 3.

이번에는 BEST 3 중에 하나를 정하여 해결책을 생각해봅시다.

효과적인 공부환경 만들기

● **눈에 띄는 방해물을 처리하는 방법**

내 공부환경에서 나의 시선을 끄는 것들에는 무엇이 있을까요?

이런 방해물을 정리하는 원칙은?

☐ 에 닿지 않는 곳, ☐☐☐ 않는 곳에 정리하기

집에서는 어떻게 치울 수 있을까요?

● **자주 사용하는 물건을 배치하는 방법**

앉은 자리에서 이동해야만 꺼낼 수 있는 물건에 O표 하세요.

지금 공부할 교과서   지금 공부할 문제집   필기도구

스테이플러   가위   칼   자

풀   접착테이프   메모지   포스트잇   연습장

만약 O표 한 물건, 즉 의자에서 일어나야만 꺼낼 수 있는 물건이 3개가 넘는다면, 여러분은 공부 도중 그 물건을 꺼내기 위해 자주 일어나야 하고, 그만큼 집중력도 흐트러지게 됩니다. 따라서 지금 당장 공부에 필요한 물건들을 책상 가까이에 정리해야 합니다.

정리의 원칙에 대해 생각해봅시다.

● 소음을 이겨내는 방법

공부하는 곳에서 다른 사람들이 떠들거나 밖에서 시끄럽게 공사하는 소리가 들린다면 당연히 집중력이 떨어지겠죠? 이렇게 공부하는 데 방해가 되는 소음에는 어떤 것들이 있나요?

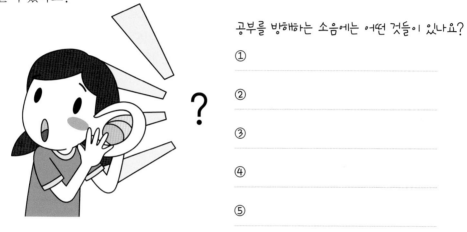

공부를 방해하는 소음에는 어떤 것들이 있나요?

① _____

② _____

③ _____

④ _____

⑤ _____

이러한 소음에 얼마나 방해받나요?

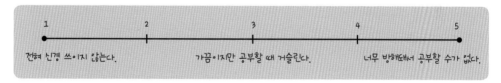

1 2 3 4 5

전혀 신경 쓰이지 않는다.　　가끔이지만 공부할 때 거슬린다.　　너무 방해돼서 공부할 수가 없다.

공부를 할 때 방해가 되는 소음들에 대해 생각해보고, 소음을 줄일 수 있는 해결방법을 조원들과 함께 토론하며 찾아봅시다.

① '공부 중' 팻말을 활용하여, 가족들이 내가 공부 중인 것을 알게 한다.

②

③

④

⑤

내 공부환경을 바꿔 보자!

이번 회기를 통해 지금까지 발견한 공부환경의 문제점들 중에 가장 중요하고, 바로 바꿀 수 있다고 생각하는 문제는 어떤 것인가요? 이런 문제들은 오늘 집에 가서 어떻게 해결할 수 있을까요?

공부환경의 문제점	바로 적용할 수 있는 해결책

★ 내가 자주 공부하는 장소에 내 시선을 뺏어갈 만한 물건 등이 있다면 과감하게 치우거나 버려야 한다. 좋아하는 연예인 사진 같은 것을 책상 위에 붙여두고 공부하는 것은 백전백 패!

★ 집중력의 최대 적! 시끄러운 소리는 없애거나 줄일 수 있도록 한다. 우리의 뇌는 두 가지 일을 동시에 하는 것을 싫어한다. 머릿속으로 공부 내용과 소음이 같이 들어가면, 우리의 [　] 는 그중 한 가지만 받아들이려고 한다.

★ 공부에 자주 사용되는 물건들을 잘 정리하여 [　] 이 닿는 곳에 두어야 한다. 풀이나 메모지 등을 꺼내기 위해 의자에서 일어나야 한다면 공부의 집중력은 당연히 깨지게 된다.

★ 공부 역시 다른 일처럼 [　] 을 만들기 나름이다. 책상에서 공부하는 [　] 이 있는 사람은 책상에 앉자마자 빨리 공부를 시작할 수 있다. 반대로 책상에서 빈둥거리기만 했던 사람은 책상에 앉아도 빈둥거리고 싶을 뿐 공부를 시작하기까지 시간이 오래 걸린다.

과 제

공부환경을 정리하고 변화된 내용을 사진이나 글로 정리해오기

– 내 공부환경을 바꿔봅시다. 어떤 일들을 할 수 있을까요?

	Before	After
시선을 뺏는 것들		
시끄러운 소리		
책상에서 자주 하는 일		
기타		

변화된 공부환경을 그림으로 그리거나 사진 붙이기

나의 공부환경을 바꾸고 느낀 점은?

집중을 위한 비타민!
잠과 휴식

수면과 컨디션
조절하기

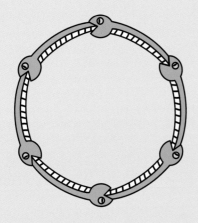

방향족 탄화수소인 벤젠이 어떤 구조로 이루어져 있는지 알아내기 위해 많은 과학자들이 40년 동안 이나 노력했지만 그 답을 찾기는 쉬운 일이 아니었다. 벤젠의 탄소 사슬이 어떤 식으로 얽혀 있는지를 밝혀내기 위해 노력하던 독일의 저명한 화학자 케큘레(Friedrich August Kekule)는 어느 날 아주 이상한 꿈을 꾸었다. 여섯 마리의 뱀이 서로의 꼬리를 물고 원형의 띠를 이루면서 꿈틀대고 있는 장면을 꿈에서 본 것이다. 잠에서 깨자마자 케큘러는 꿈에서 본 장면을 그림으로 옮겼고, 그것이 바로 6각형에 탄소와 수소 6개를 가지고 있는 벤젠의 구조라는 것을 알게 되었다. 유기화학 분야에서 가장 값진 발견 중의 하나인 벤젠의 구조는 이렇게 놀랍게도 한 과학자가 잠을 자는 동안 꿈을 통해 그 힌트를 얻어낸 것이다.

－ 수면이 창의력과 학습능력의 향상에 매우 중요한 역할을 한다는 것은 이미 잘 알려진 사실입니다. 그렇다면 얼마나 잠을 자고 어떻게 자신의 컨디션을 조절하는 것이 좋을까요?

★ 이번 시간에 배울 내용

• 잠을 잘 자는 것이 집중에 중요할까?　　　　• 좋은 수면 습관이란 무엇일까?
• 컨디션 조절을 위해 어떻게 생활해야 할까?

수면 습관 체크리스트

● **평소 자신의 수면 습관이 얼마나 건강하고 좋은지 확인해봅시다.**

문 항	∨표
1. 늘 규칙적인 시간에 자고 깬다.	
2. 아침에 일어나면 머리가 맑은 느낌이다.	
3. 자리에 누우면 20분 안에 잠이 드는 편이다.	
4. 잠자기 전에 과식을 하지 않는다.	
5. 웬만해서는 낮잠을 자지 않는다.	
6. 조느라 수업을 놓치는 경우는 거의 없다.	
7. 주말에도 규칙적으로 자고 깨는 편이다.	
8. 한번 잠들면 자주 깨지 않고 푹 자는 편이다.	

● **체크된 항목으로 수면 습관을 알 수 있어요.**

0-2개	수면 습관이 매우 안 좋아요
3-4개	고쳐야 할 수면 습관이 많네요
5-6개	조금만 신경 쓰면 좋겠어요
7-8개	좋은 수면 습관을 가지고 있습니다

잠(수면)

● 여러분은 '잠' 하면 어떤 에피소드가 떠오르나요? 잠에 얽힌 재미있는 경험이 있다면 한번 적어봅시다.

나는 '잠' 하면 이게 떠올라요.

● 잠을 자는 이유는?

나는 포유류 중에서 잠을 가장 많이 자는 고양이입니다. 하루에 15시간씩 자는데요. 도대체 왜 잠을 자야 하는 걸까요? 여러분의 생각을 써보세요.

평소 수면량은?

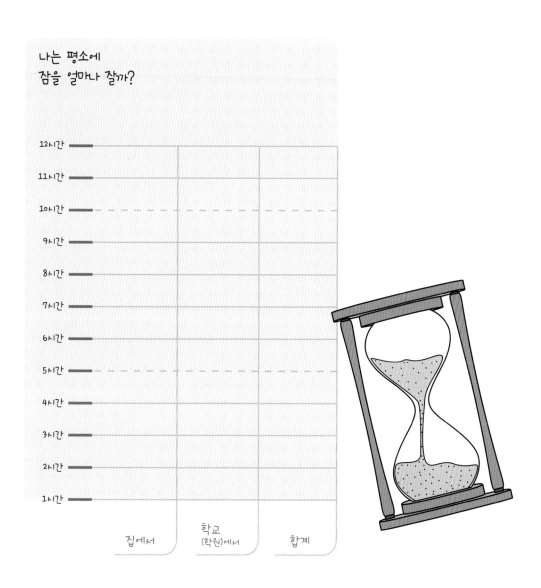

나는 평소에
잠을 얼마나 잘까?

12시간
11시간
10시간
9시간
8시간
7시간
6시간
5시간
4시간
3시간
2시간
1시간

집에서 　　학교(학원)에서 　　합계

평소에 잠이 충분하다고 느끼나요?
각자의 경험을 정리해서 적어봅시다.

Yes!

네, 저는 대체로 잠이 충분하다고 느껴요.
그 이유는,

때문입니다.

No!

아니에요, 저는 대체로 잠이 부족해요.
그 이유는,

때문입니다.

잠에 대해 알아봅시다. 수면 OX 퀴즈!

질문1. 낮에 운동을 하거나 체력을 많이 사용하면 잠을 더 많이 자야 한다.　　　O　X

질문2. 잠을 자는 동안 뇌는 완전히 휴식을 취한다.　　　O　X

질문3. 사람은 낮과 밤을 거꾸로 살아도 별 문제는 없다.　　　O　X

질문4. 눈을 감고 침대에 누워 쉬는 것만으로도 잠을 잔 것과 같은 효과가 있다.　　　O　X

질문5. 코를 고는 것은 시끄러울 뿐 해롭지는 않다.　　　O　X

질문6. 모든 사람은 매일 꿈을 꾼다.　　　O　X

적절한 수면량

나폴레옹은 하루에 4시간만 잤다는데… 보통 사람들의 적절한 수면량은 얼마나 될까요? 여러분의 생각을 정리해봅시다.

● 내 생각에 이 정도 자면
  적당할 것 같아요.

시간   분

● 그런데, 수면을 전문적으로 연구하는
  학자들은 청소년들의 적정 수면
  시간을 다음과 같이 말하고 있습니다.

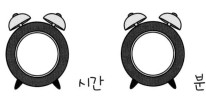

시간   분

● 적정 수면 시간에 비교할 때 나의 수면량은 어떤가요? 많은가요? 적은가요?

부족해요 ——— 적당해요 ——— 많아요

건강한 수면을 위한 잠의 과학

● 우리 뇌의 활동을 측정하는 기계를 통해
　□□를 측정하면 수면이 □개의
　단계에 걸쳐 일어난다는 것을 알 수
　있습니다.

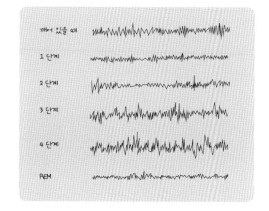

● 이 중 □□□□ 수면은 4단계 수면이
　시작된 지 약 45분 후 나타나며 뇌의 활동이
　갑자가 활발해집니다. 이때 대부분의 사람들은
　꿈을 꾼다고 합니다.

● 최근 발표된 연구에서, □시간 정도 충분히
　자고 기억테스트를 받은 학생과 잠을 제대로
　자지 않고 테스트를 받은 학생들의 성적을
　비교한 결과, 잠을 충분히 잔 학생들의 성적이
　잠을 못 잔 학생에 비해 평균 □□% 이상
　좋았다고 합니다.

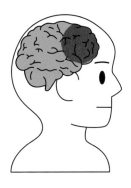

● 수면이 부족하면 혈류에서 □□□을
　뽑아내는 신체기능이 약화되고, 그 결과 기본적인
　에너지가 충분히 뇌에 전달되지 못해, 학습에서
　가장 중요한 영역인 대뇌의 □□□이 제대로
　활동하지 못한다고 합니다.

좋은 수면 습관 만들기

- ☐☐은 짧게. 낮 시간에 졸음이 오는 것은 정상적인 것입니다. 하지만 이때 ☐☐ 분 이상 잠을 자게 되면 수면 리듬에 영향을 받게 되고 밤에 잠이 쉽게 들지 않습니다.

- 휴일에 몰아서 자지 않습니다. 평소에 부족한 잠을 메우려고 한 번에 10시간 이상 몰아서 잠을 자게 되면 ☐☐☐☐에 균형이 깨지기 때문에 휴일이 끝나는 다음날 활동에 지장을 받게 됩니다. 월요일이 유난히 피곤하게 느껴지는 '☐☐☐'은 이런 이유로 일어납니다.

- 잠들기 전 ☐☐을 줄입시다. 그날 해결하지 못한 일들에 대해 잠자리에서 고민하지 말고 모두 적어두었다가 다음 날 다시 생각합시다.

- 잠들기 3시간 이내에는 ☐☐을 피합시다. 더구나 밤늦게 먹는 것은 비만의 원인이 되기도 한답니다.

- 잠잘 때 방의 환경은 ☐☐고 ☐☐하고 ☐☐가 잘되어야 합니다.

- 잠이 오지 않을 때는 억지로 잠을 자려는 시도를 하지 말아야 합니다. 이렇게 하면 ☐☐☐ 이 더 심해질 수 있습니다. 오히려, 그럴 때는 불을 켜고 일어나서 활동적이지 않은 ☐☐☐ 일 (예를 들면, 책 읽기)을 하다가, 졸릴 때 다시 잠자리에 드는 것이 좋습니다. 그리고 잠을 적게 잤더라도 다음 날 제시간에 일어나야 정상적인 수면 리듬을 찾을 수 있습니다.

- 커피, 홍차, 녹차, 초콜릿 등의 ☐☐☐ 함유 식품을 저녁에 섭취하는 것을 피해야 합니다. 카페인에 예민한 사람은 오후에 한 잔만 마셔도 수면에 방해를 받는 경우가 있습니다.

집중력을 높여주는 식사습관

① 평소에 아침 식사를 하는 편인가요?

아니요, 거의 먹지 않아요 ——————— 불규칙해요 ——————— 항상 잘 챙겨 먹어요

② 식사를 거르고 수업을 듣거나 공부할 때 집중과 기억에 있어 어려움은 없었는지
자신의 경험을 적어봅시다.

③ 아침식사는 다음과 같은 이유로 집중력에 영향을 줍니다.

두뇌가 작동하기 위해서는 반드시 ☐☐☐ 이 공급되어야 합니다. 아침에는 밤 사이
따로 섭취한 영양분이 없기 때문에 혈액 내에 포도당 수준이 매우 낮은 상태가 됩니다. 따라서
쌀밥과 같은 탄수화물을 섭취해야 두뇌가 활동할 수 있는 에너지인 포도당이 공급되는
것입니다. 다시 말해, 아침밥을 거르면 집중력, 기억력, 문제해결능력과 같은 학습능력에
관련된 뇌의 활동이 줄어드는 것입니다.

④ 집중력을 높이는 데 도움이 되는 음식은 어떤 것이 있을까요? 다음 중에서 골라보세요.

사과, 깻잎, 과자, 아몬드, 초콜릿, 굴, 호두, 계란 노른자, 당근, 사탕, 탄산음료,
우유, 치즈, 요구르트, 버섯, 라면, 고등어

☐☐ 이나 ☐☐ 에 포함된 복합탄수화물이 집중에 도움이 됩니다.
그 외의 음식물은 졸음이나 집중력 저하를 일으킬 수 있습니다.

집중을 높여주는 휴식방법

집중을 하는 것은 근육을 사용하는 것과 비슷해서 일정 시간 이상 지속할 수 없습니다. 중간중간 적당한 휴식을 취해야 최상의 집중 상태를 유지할 수 있습니다. 하지만, 잘못 쉬면 아예 공부를 못하게 되기도 합니다. 쉴 때 하기에 적당한 일과, 오히려 집중을 방해하기 때문에 해서는 안 되는 일을 구분해봅시다. 그리고 그 이유에 대해서도 생각해봅시다.

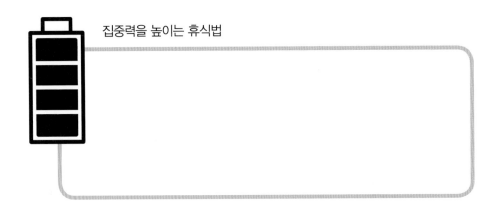

집중력을 높이는 휴식법

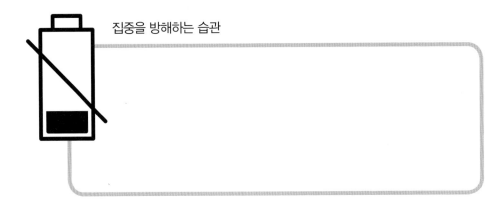

집중을 방해하는 습관

집중을 높여주는 스트레칭 방법

오랜 시간 한 자세로 책을 보게 되면 목이나 어깨 부분의 근육이 점차 경직됩니다. 이런 상태가 지속되면 통증을 느낄 수도 있고, 무엇보다 혈액순환이 원활하지 않아 집중에 좋지 않은 영향을 줄 수 있습니다. 다음과 같은 스트레칭은 혈액순환을 도와 집중력을 개선해주므로 쉬는 시간에 자주 실천해보기 바랍니다.

1

목 스트레칭

한 손을 머리에 살며시 얹고, 머리를 위에서 아래로 지그시 누릅니다. 반대편 목이 당겨지는 느낌을 약 10초간 유지합니다. 손을 바꿔 반대편 목근육도 당겨줍니다.

2

어깨 스트레칭

한쪽 팔을 반대편 팔의 팔꿈치 쪽으로 붙이고 몸 안쪽으로 서서히 잡아당깁니다. 반대편 팔과 어깨가 잡아당겨지는 느낌을 약 10초간 유지합니다. 팔을 바꿔 반대편 어깨도 당겨줍니다.

3

팔 스트레칭

양손에 깍지를 끼고, 손바닥을 뒤집어 앞으로 쭉 내밉니다. 양팔 근육이 쭉 펴지는 느낌을 약 10초간 유지합니다. 이 상태를 3~4회 반복합니다.

4

옆구리 스트레칭

양손에 깍지를 끼고, 손을 위로 쭉 들어 폅니다. 그 상태에서 몸을 한쪽으로 서서히 기울입니다. 한쪽 옆구리가 쭉 펴지는 느낌을 10초간 유지합니다. 마찬가지 방법으로 반대편 옆구리도 당겨줍니다.

나에게 꼭 맞는 수면 리듬을 만들어보자!

● **나에게 필요한 수면량 결정하기**

수면량을 결정하는 기준은 다음과 같습니다.

ㅇ 아침에 일어날 때 가뿐한 느낌이 들어야 한다.
ㅇ 낮 동안 공부할 때 졸음을 느끼지 않아야 한다.
ㅇ 일상생활에 지장이 없을 만큼의 길이여야 한다.
ㅇ 청소년 권장 수면시간에서 너무 많이 벗어나지 않아야 한다.

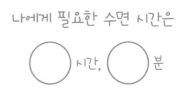

● **요일에 따라 자고 일어나는 시간의 규칙을 정해봅시다.**

시간	월	화	수	목	금	토	일
12:00 (오전)							
1:00							
2:00							
3:00							
4:00							
5:00							
6:00							
7:00							
8:00							
9:00							
10:00							
11:00							
12:00 (오후)							
1:00							
2:00							
3:00							
4:00							
5:00							
6:00							
7:00							
8:00							
9:00							
10:00							
11:00							

숙면을 방해하는 잘못된 습관 찾기

좋은 수면 습관을 만들어야겠다고 생각했지만, 뜻대로 되지 않는 경우가 많습니다. 자신의 경우 어떤 잘못된 습관이 숙면을 방해하는지 찾아봅시다. 그리고 그것에 대한 해결책도 생각해봅시다.

늦게 자고 늦게 일어나게 만드는 잘못된 습관은?

①

②

③

④

이런 문제들에 대해 어떤 해결책이 있을지 함께 찾아봅시다.

잘못된 휴식습관, 식사습관 바꾸기

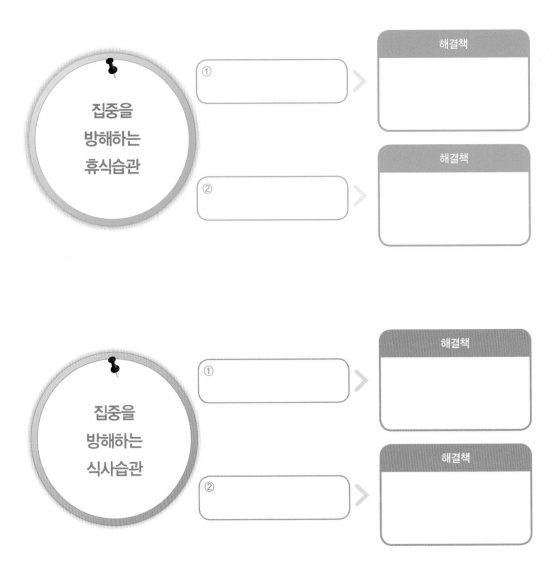

★　□□ 은 집중, 기억, 신체 컨디션에 매우 중요한 영향을 미치기 때문에 필요한
양을 규칙적으로 자는 것이 중요합니다.

★　충분히 수면을 취한 학생과 그렇지 않은 학생은 집중, 기억, 실제 성적에서 대략

　　□□ % 정도의 차이가 나는 것으로 밝혀졌습니다.

★　깊은 잠을 자기 위해서는 잠자기 전에 해야 할 일과 하지 말아야 할 일을 구분하고,
최대한 몸이 □□ 될 수 있도록 도와야 합니다.

★　□□ 와 □□ 은 잠 못지않게 집중에 중요한 영향을 미칩니다. 특히

　　□□ 식사는 뇌에 에너지를 제공하는 중요한 역할을 하기 때문에 귀찮더라도
챙겨 먹는 것이 집중력을 높이는 데 도움이 됩니다.

과 제

건강한 수면 리듬 실천하기

– 한 주간 얼마나 규칙적인 수면을 취할 수 있었는지 확인해봅시다. '자신에게 꼭 맞는 수면 리듬 만들기'에 기록했던
내용을 참고해서 아래 내용을 기록해봅시다.

요일	취침시간	기상시간	수면량	하루의 느낌
월			☐시간 ☐분	☐ 상쾌하고 집중이 잘됨 ☐ 보통 ☐ 멍하고 졸림
화			☐시간 ☐분	☐ 상쾌하고 집중이 잘됨 ☐ 보통 ☐ 멍하고 졸림
수			☐시간 ☐분	☐ 상쾌하고 집중이 잘됨 ☐ 보통 ☐ 멍하고 졸림
목			☐시간 ☐분	☐ 상쾌하고 집중이 잘됨 ☐ 보통 ☐ 멍하고 졸림
금			☐시간 ☐분	☐ 상쾌하고 집중이 잘됨 ☐ 보통 ☐ 멍하고 졸림
토			☐시간 ☐분	☐ 상쾌하고 집중이 잘됨 ☐ 보통 ☐ 멍하고 졸림
일			☐시간 ☐분	☐ 상쾌하고 집중이 잘됨 ☐ 보통 ☐ 멍하고 졸림

수업 내용 100% 활용하기

수업 중
집중향상 전략

子曰
자왈
吾嘗終日不食
오사종일불식
終夜不寢
종야불침
以思 無益 不如學也
이사 무익 불여학야

공자께서 말씀하시기를
내가 일찍이 종일토록 먹지 않고
밤새도록 잠을 안 자고
생각을 하였으나 득이 없었으니
남에게 배우는 것(學)만 못하다.
[출처] 논어(論語)

─   배움의 방법에는 여러 가지가 있습니다. 예전에는 벽을 보면서 깨닫거나, 혼자 생각해서 깨닫는
방법도 있었고, 기술이 발달된 요즈음은 인터넷 강의를 통해서 배우거나, 강의 혹은 과외와 같은 방
식으로 다른 누군가에게 배우는 방법도 있습니다. 여러 가지 배움의 방법 중에서 가장 흔하고 효과
적인 배움의 방법은 다른 사람으로부터 배우는 것입니다.
'수업시간'은 선생님이 수업을 진행하는 시간만을 의미하는 것이 아닙니다. 선생님이 진행하시는 수
업시간은 물론이며, 여러분 스스로 준비하는 수업 전과 복습이나 정리를 하는 수업 후의 시간 역시
수업시간에 들어갑니다. 효과적인 수업 듣기는 '수업 전, 수업 중, 수업 후'라는 3개의 단계로 이루어
집니다. 따라서 효과적인 수업 듣기는 앞의 단계가 충분히 이루어져야 그다음의 단계로 진행이 가능
합니다.

★ 이번 시간에 배울 내용

• 나는 수업시간을 어느 정도 활용하고 있을까?   • 수업은 왜 중요할까?

• 수업 중 어떻게 집중할 수 있을까?   • 수업이 끝난 직후 간단하게 내용을 정리할 수 있는 방법은?

수업 듣기 체크리스트

● 나의 수업시간 활용도를 알아보기 위한 문항들입니다. 각 문항을 읽고 자신에게 가장 적합하다고 생각되는 곳의 해당 번호에 ∨표 하세요.

문 항	∨표
1. 수업시간에는 떠들지 않는다	
2. 어려운 과목은 이해를 잘하기 위해 예습한다	
3. 앉는 자세가 바른 편이다	
4. 수업을 듣고 나면 중요한 내용을 파악할 수 있다	
5. 친구들이 떠들어도 수업에 집중하기 위해 신경 쓰지 않는다	
6. 수업시간에는 최대한 집중해서 듣는다	
7. 수업시간에 졸지 않는다	
8. 수업시간을 통해서 시험 문제를 예상할 수 있다	
총 개수 :	

● **각 항목을 모두 1점씩 계산합니다.**

7~8 점	아주 잘하고 있어요
5~6 점	좋은 습관이 많은 편이네요
3~4 점	조금 더 노력해야겠어요
1~2 점	수업시간을 거의 활용하지 않네요

수업시간 집중도 알아보기

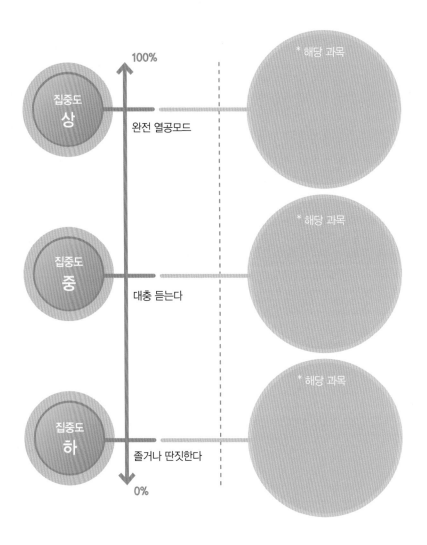

나는 평소에 수업을 들을 때 평균 _____ % 정도 집중한다.

수업을 잘 들어야 하는 이유

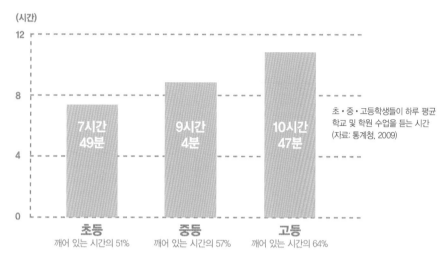

초 · 중 · 고등학생들이 하루 평균
학교 및 학원 수업을 듣는 시간
(자료: 통계청, 2009)

위의 그래프에서 나타난 것처럼, 수업은 학생들이 보내는 하루 일과의 가장 큰
부분을 차지합니다. 흔히, '집중한다'고 말하면 혼자 공부할 때만 필요한 것처럼
생각하지만, 최소한의 노력으로 최대한의 효과를 얻어내는 공부를 위해서는 수업을
잘 듣고 그 내용을 잘 이해하는 것이 필수적입니다.

● 학교 수업을 잘 들었을 때의 장점

수업을 잘 들었을 때 얻을 수 있는 장점들은 무엇일까요?

○ ☐☐☐☐ 에 대한 이해가 훨씬 쉽다

수업을 무시하고 혼자서 공부하려고 하면 선생님의 설명을 들을 때보다 ☐ ~ ☐ 배 정도 더 많은
노력이 필요하기 때문에 결국 이중으로 시간이 듭니다.

○ 자연스러운 ☐☐☐☐ 이 가능해진다

사람의 기억력에는 기본적으로 한계가 있기 때문에 아무리 학원에서 들은 것이라고 하더라도 100%
기억하기는 어렵습니다. 따라서 기본적으로 학교수업을 충실히 듣는다면 자연스러운 반복을 통해서
확실하게 ☐☐ 할 수 있다는 장점도 생깁니다.

○ ☐☐☐☐ 를 잘 예상할 수 있다

시험 문제는 대부분 수업 시간 중에 중요하다고 말씀하신 내용에서 나오기 때문에 선생님의 말씀을 주의
깊게 ☐☐ 하고 선생님이 ☐☐ 하시는 것을 잘 체크해두는 것은 시험대비에 꼭 필요한 것이라고
할 수 있습니다.

수업에 집중하지 못하는 이유 탐색하기

수업을 듣다 보면, 어떤 수업시간에는 집중이 잘되는 시간이 있는 반면, 그렇지 못한 시간도 많이 있습니다. 집중이 되지 않는 이유를 생각나는 대로 적어봅시다.

수업에 집중하기

● **집중을 높여주는 올바른 수업자세**

수업을 열심히 듣는 것은 마음으로만 되는 것이 아닙니다. 열심히 하겠다는 태도는 반드시 행동으로 드러나게 되어 있습니다. 좋은 수업자세는 어떤 모습일까요? 아래 빈칸에 각각 눈, 귀, 몸, 손이 수업시간에 집중할 때 어떤 모습을 하고 있을지 적어보세요.

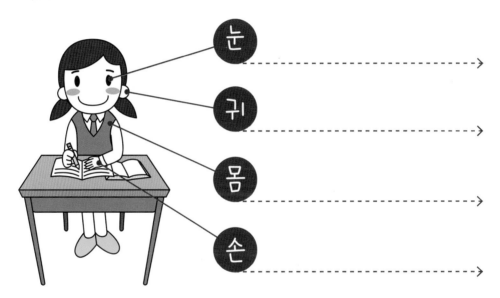

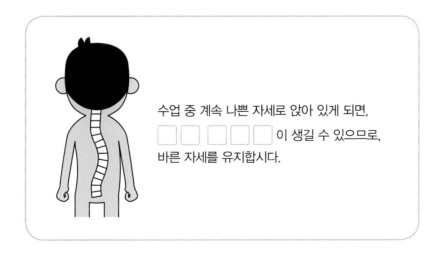

수업 중 계속 나쁜 자세로 앉아 있게 되면, ☐☐☐☐☐ 이 생길 수 있으므로, 바른 자세를 유지합시다.

예습의 효과

TV 드라마를 보다 보면, 결정적인 순간에 '다음 시간에...'라는 자막이 뜨면서, 다음 편 예고를 짧게 보여주는 경우가 흔합니다. 이런 장면을 통해서 다음 회에 대한 기대를 높이고, 호기심을 유발하기 위해서입니다. 시청자 입장에서는 짜증이 나면서도 한편으로는 '다음엔 어떻게 될까?' 하는 궁금증 때문에 더 보게 되는 것이죠.

예습을 하면 수업시간에 어떤 내용을 배우는지 ⬚⬚ 할 수 있기 때문에,
수업에 대한 ⬚⬚⬚ 을 가지고 열심히 집중할 수 있게 됩니다.

5분 예습 전략

예습의 가장 중요한 요령은 '의문점이 생길 만큼만 개요 파악하기'입니다. 수업 시작하기 전, 5분 동안 할 수 있는 간단한 예습 방법에 대해 생각해봅시다.

①

②

③

수업을 통한 중요한 내용 파악하기: 수업 중 표지판 찾기

수업을 듣다 보면 선생님의 말씀이나 행동에서 그날 중요한 것이 무엇인지를 알 수 있도록 해주는 표지판이 있습니다. 선생님이 다른 내용과 달리 특별히 강조하는 것은 그 내용이 다른 것보다 더 중요하고, 그만큼 시험에 나올 가능성이 높다는 일종의 표지판 역할을 하는 것이지요. 이렇게 수업 중 표지판 역할을 하는 것에는 어떠한 것이 있을지 생각해보고, 아래의 표지판 그림에 적어봅시다. 예를 들어 '시험에 꼭 낼 거야'와 같은 말로 하는 표지판이 있는가 하면, '목소리가 커진다', '필기를 한다'처럼 행동으로 표현되는 경우가 있습니다.

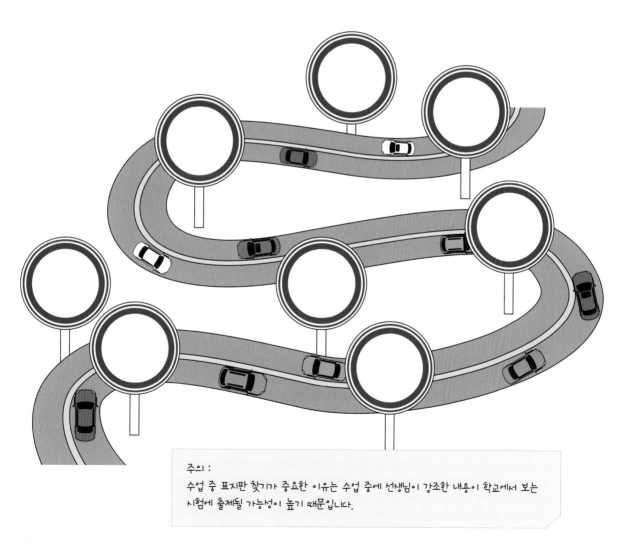

주의 :
수업 중 표지판 찾기가 중요한 이유는 수업 중에 선생님이 강조한 내용이 학교에서 보는 시험에 출제될 가능성이 높기 때문입니다.

● **노트 필기를 통한 집중력 높이기**

좋은 수업태도를 유지하면서 수업 표지판에 따라 중요한 내용을 집중해서 들었다면, 그 내용을 중심으로 나만의 필승 노트를 만들 수 있습니다. 노트를 사용하면 어떤 점이 좋을까요?

1. 왜 필기를 하면 집중이 잘될까요?

2. 노트 필기의 효과

   ① 수업 내용을 다 기억할 수 없기 때문에

   ☐☐ 을 남겨둘 수 있다.

   ② 선생님이 강조한 내용을 ☐☐ 해둘 수 있다.

수업 직후 5분 복습전략

수업이 끝난 직후, 간단한 복습은 수업내용의 이해와 활용에 큰 도움을 줍니다.
다음과 같이 해볼 수 있어요.

{ ☐☐☐ 의 답을 찾았는지 확인하기
☐☐ 되지 않은 부분 ☐☐ 하기
☐☐☐☐ 점검하기

수업에 집중이 안될 때 해결방법

지금까지 수업 전, 중, 후에 집중할 수 있는 방법에 대해 알아보았습니다. 이번에는 실제 수업에서 집중하기 어려운 이유를 생각해보고, 해결할 수 있는 방법에는 어떤 것들이 있는지 정리해봅시다.

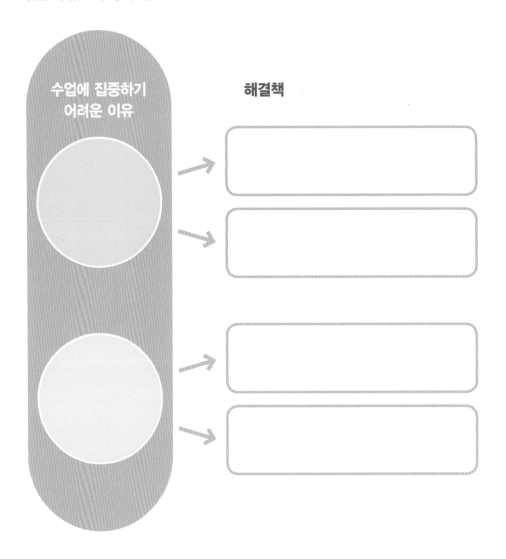

회 기 요 약

수업은 학생들이 공부하는 시간 중 가장 많은 부분을 차지하지만, 상대적으로 덜 중요하다고 인식하는 경우가 많습니다. 또, 흔히 알고 있는 것처럼 수업시간만 중요한 것이 아니라, 수업시간을 잘 활용하기 위해서는 수업 듣기 전–중–후의 3단계에 걸쳐 충분한 준비를 하고 있어야 합니다.

수업 중 집중력 향상을 위한 수업 듣기 전–중–후 요약

수업 전

1 ☐ ☐ 정리

2 수업 ☐ ☐ ☐ 챙기기

3 ☐ ☐ 하기

수업 중

1 바른 자세 유지하기

2 수업 ☐ ☐ ☐ 에 따라 ☐ ☐ 내용 경청

3 노트 필기하기

수업 후

1 의문점의 ☐ 찾고 ☐ ☐ 하기

2 간단하게 ☐ ☐ 하기

수업 표지판 찾아보기

– 수업을 들을 때, 선생님들이 중요하다고 강조하실 때 사용하는 말이나 행동에 대해 앞부분에서 다루어보았습니다.
이번에는 선생님의 수업을 집중하여 들으면서 표지판을 찾아봅시다. 우리가 찾았던 표지판들을 실제로 선생님들이
사용하고 계시는지, 우리가 생각했던 것과 다르게 핵심내용을 강조하는 방법은 없었는지 확인하고 적어봅시다.

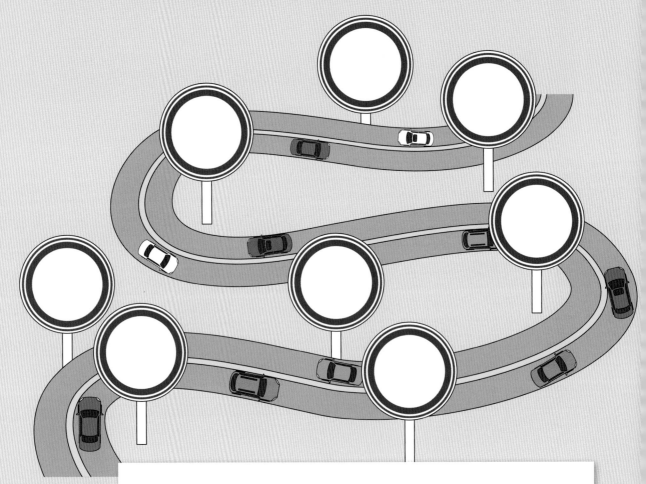

어떤 과목의 수업 표지판을 찾기가 더 수월한가요? 아마도 내가 좋아하는 과목이나 선생님에 따라서
수업 표지판을 더 쉽게 찾게 될 것입니다. 관심을 가지면, 그만큼 신경도 많이 쓰게 되니까요.

과 제 2

수업 듣기 기술 연습하기

– 이번 주 목표 과목 중 하나를 정해서 수업 전·중·후 동안 해야 할 일을 실천해본 뒤, 아래 체크리스트에 확인해
 오세요.

	월	일	과목	확인	도움이 된 점
수업 전		1. 예습하기			
		2. 주변 정리하기			
		3. 준비물 챙기기			
수업 중		1. 바른 자세 유지하기			
		2. 수업 표지판에 따라 핵심내용 경청			
		3. 노트 필기하기			
수업 후		1. 의문점 질문하기			
		2. 복습하기			

▶ 앞서 적은 나의 수업 집중도가 _____%에서 _____%로 변화.
 수업 듣기를 적용해 본 소감은?

핵심단어	수업내용 정리

핵심단어	수업내용 정리

박동혁(Park Dong Hyuck)

아주대학교 심리학과에서 학습과 정신건강에 대한 주제로 임상심리학 석사와 박사 학위를 취득했고 아주학습능력개발연구실(ALADIN)을 운영하며 청소년 학습문제에 대한 프로그램과 검사를 개발하였다. 2007년부터 심리상담센터 '마음과배움'을 운영하고 있고, 아주대학교 교육대학원 겸임교수, 원광디지털대학 심리학과 초빙교수로 재직 중이며 '학습심리' '진로상담' '행동수정' '이상심리' '심리치료' 등의 과목을 강의하고 있다. 이 외에 각급 교육청 및 상담 기관을 대상으로 학습, 인성, 진로에 대한 강연을 정기적으로 진행하고 있다. KBS, MBC, EBS 등의 방송에서 청소년 상담과 정신건강에 대한 주제로 다양한 방송 활동도 이어가고 있다. 대표 저서로는 MLST 학습전략검사, MindFit 적응역량검사, KMDT 진학진단검사, LAMP 워크북 시리즈, 하루5분 양육기술, 부모교육 및 상담 등이 있다.

LAMP WORKBOOK
PART 3 CE
집중력 향상 프로그램 (학생용)

2014년 5월 15일 1판 1쇄 발행
2024년 7월 25일 1판 8쇄 발행

지은이 • 박 동 혁

펴낸이 • 김 진 환

펴낸곳 • (주) **학지사**

　　　　04031 서울특별시 마포구 양화로 15길 20 마인드월드빌딩 5층

대표전화 • 02) 330-5114　　팩스 • 02) 324-2345

등록번호 • 제313-2006-000265호

홈페이지 • http://www.hakjisa.co.kr

인스타그램 • https://www.instagram.com/hakjisabook

ISBN 978-89-997-0407-9 04370

　　　978-89-997-0401-7 (set)

정가 **8,000원**

저자와의 협약으로 인지는 생략합니다.
파본은 구입처에서 교환하여 드립니다.

이 책을 무단으로 전재하거나 복제할 경우 저작권법에 따라 처벌을 받게 됩니다.

출판미디어기업 **학지사**

간호보건의학출판 **학지사메디컬** www.hakjisamd.co.kr
심리검사연구소 **인싸이트** www.inpsyt.co.kr
학술논문서비스 **뉴논문** www.newnonmun.com
원격교육연수원 **카운피아** www.counpia.com
대학교재전자책플랫폼 **캠퍼스북** www.campusbook.co.kr

Page 35
공부환경 스티커